Délices du Maghreb

Desserts et pâtisseries

ALBOURAQ

Délices du Maghreb

Réalisation et production

Fabien Bellahsen

Daniel Rouche

Photographe

Didier Bizos

Rédaction

Nathalie Talhouas

Élodie Bonnet

Céline Volpatti

Les recettes

Baklawa du Bey

4 personnes
Difficulté : Facile
Préparation : 20 min
Cuisson : 10 min

Ingrédients

350 g d'amandes en poudre
150 g de sucre semoule
1 sachet de sucre vanillé
1/2 c. à c. de colorant rose
1/2 c. à c. de colorant vert
2 cl d'eau de fleur de rose

1. Préparez le sirop en faisant cuire, pendant 10 min, le sucre semoule, le sucre vanillé, l'eau de fleur de rose avec 10 cl d'eau. Tamisez la poudre d'amandes. Mettez-la dans un récipient et versez le sirop. Mélangez avec une spatule.

2. Travailler le mélange à la main jusqu'à l'obtention d'une pâte homogène. Divisez la pâte en 3 parts égales. Ajoutez dans une part le colorant vert et mélangez avec les mains. Colorez en rose une autre part et mélangez. Laissez la troisième part de pâte d'amandes naturelle.

3. Façonnez les 3 pâtes en boudins. Avec un rouleau à pâtisserie, aplatissez-les séparément. Découpez-les en grands carrés bien réguliers. Superposez chaque carré de pâte d'amandes en disposant en premier la rose, puis la blanche et enfin la verte.

4. Découpez le baklawa en bandes de 3 cm de largeur. Coupez-les en losanges bien réguliers. Dressez les baklawa du bey dans un plat.

Bon à savoir :

Cette douceur orientale ne ressemble en aucun cas au traditionnel baklawa turc. Présentées généralement avec d'autres assortiments sucrés, ces délicieuses douceurs se dégustent surtout à l'occasion des mariages. Si vous souhaitez savourer les baklawa du bey, comme les Tunisiens, préparez un thé à la menthe et aux pignons de pin.

Baklawa El'Djazaïr

4 personnes
Difficulté : Facile
Préparation : 1 h
Cuisson : 1 h
Repos : 24 h 10

Ingrédients

Pâte :
1 kg de farine
250 g de margarine
40 cl d'eau de rose
1 pincée de sel

Farce :
250 g d'amandes concassées
250 g de noix moulues
250 g de sucre glace
10 g de beurre
5 cl d'eau de rose
1 pointe de cannelle

Sirop :
500 g de miel
12,5 cl d'eau de rose

Décoration :
Amandes entières

1. Pour la pâte, faites une fontaine avec la farine. Versez la margarine fondue. Salez. Travaillez le mélange en ajoutant l'eau de rose jusqu'à l'obtention d'une pâte malléable. Formez des boules. Laissez reposer 10 min.

2. Préparez la farce en mélangeant les amandes et les noix avec le beurre fondu, le sucre glace et la cannelle. Travaillez en ajoutant l'eau de rose. Étalez les boules de pâte très finement jusqu'à l'obtention de feuilles transparentes.

3. Déposez dans un plat beurré, une feuille et beurrez-la généreusement. Puis ajoutez 4 à 5 feuilles en les beurrant. Garnissez de farce aux 3/4. Recouvrez de 3 feuilles beurrées. Dessinez sur la préparation des losanges en vous aidant d'une règle souple.

4. Piquez chaque losange d'une amande. Faites cuire au four, préchauffé à 200°C, entre 45 min et 1 h. Faites fondre le miel avec l'eau de rose. Faites cuire en sirop, 15 min. Laissez tiédir. Arrosez la baklawa de sirop. Laissez reposer 24 h.

Bon à savoir :

Il convient d'étaler à l'aide d'un rouleau à pâtisserie chacune des boules afin d'obtenir des feuilles très fines, presque transparentes. Notre chef vous conseille d'utiliser un moule rond de vingt centimètres de diamètre. Après avoir fait cuire au four la baklawa, il est impératif de la recouvrir aussitôt de sirop tiède. Dernier conseil, attendez le lendemain avant de découper les losanges, cela vous garantira une belle présentation.

Bouchées aux amandes et clous de girofle

4 personnes
Difficulté : Très facile
Préparation : 20 min
Cuisson : 15 min

Ingrédients

1 kg d'amandes décortiquées
4 œufs
150 g de sucre semoule
1 pincée de clous de girofle en poudre
1 c. à c. de cannelle moulue
2 sachets de levure chimique
1 sachet de sucre vanillé
250 g de sucre glace

1. Disposez les amandes non mondées sur la plaque du four. Faites-les griller 5 min au four. Puis versez-en 900 g dans le bol du robot et mixez-les (gardez le reste pour la décoration).

2. Versez le sucre dans une terrine. Cassez les œufs par-dessus. Ajoutez la poudre de clous de girofle. Ajoutez ensuite la levure chimique, le sucre vanillé et la cannelle. Fouettez énergiquement.

3. Incorporez dans ce mélange les amandes grillées et hachées. Pétrissez à la main jusqu'à obtention d'une pâte homogène. Prenez des petits morceaux de pâte dans la main, et formez des boulettes. Aplatissez-les légèrement.

4. Trempez rapidement une face de chaque boulette dans du sucre glace. Plantez une demi-amande grillée au centre des bouchées. Posez-les sur une plaque huilée. Faites-les cuire 10 min au four à 140 °C.

Bon à savoir :

Dans la pâte, une minuscule pincée de clous de girofle moulus suffira largement, leur arôme surpuissant, risquerait de tout dominer. S'ils sont entiers, pilez-les finement dans un mortier. Pour varier les parfums de ces petits gâteaux, n'hésitez pas à remplacer les clous de girofle par de la noix de muscade râpée, ou de la gomme arabique pilée avec du sucre.

Bouza aux pistaches

4 personnes
Difficulté : Très facile
Préparation : 10 min
Cuisson : 10 min

Ingrédients

150 g de pistaches mondées
1 boîte de lait sucré concentré
3 c. à s. de maïzena

Décoration :

Pignons de pin
Poudre d'amandes
Noisettes

1. Grillez les pistaches mondées 3 à 5 min sous le gril de votre four. Celles-ci doivent rester vertes. Mixez-les jusqu'à l'obtention d'une pâte.

2. Ajoutez le lait concentré sucré et rajoutez trois fois son volume en eau. Ajoutez 3 c. à s. de maïzena dans la mixture. Mixez de nouveau à la plus grande vitesse.

3. Mettez la bouza en cuisson et remuez sans cesse jusqu'à ce que la boisson épaississe. Dressez la bouza dans de jolis verres en par égale.

4. Décorez les verres de pistaches moulues, de pignons, de poudre d'amandes, en dessinant des triangles opposés, avec le saupoudrage de fruits secs moulus. Déposez une noisette sur chaque verre. Servez le breuvage chaud.

Bon à savoir :

La pistache est l'un des fruits secs les plus raffinés, aussi elle apparaît dans de nombreuses pâtisseries orientales. En ce qui concerne les fruits secs qui agrémentent la surface de cette exquise boisson, ils sont aussi délicats que la pistache. L'amande et le pignon tirent leur épingle du jeu, car lorsque vous dégustez la bouza, votre palais les rencontre et les apprécie immanquablement.

Briaouates au miel, à la fleur d'oranger

4 personnes
Difficulté : Facile
Préparation : 30 min
Cuisson : 5 min

Ingrédients

8 feuilles de pastilla
800 g d'amandes entières décortiquées
400 g de sucre semoule
15 g de gomme arabique en cristaux
2 c. à s. d'eau de fleur d'oranger
80 g de beurre
10 cl de miel
30 cl d'huile d'arachide
40 g de graines de sésame
Menthe
Huile de friture

1. Mondez les amandes à l'eau bouillante, épluchez-les. Versez-les dans le bol d'un robot-ménager avec le sucre et la gomme arabique. Arrosez avec 1 c. à s. d'eau de fleur d'oranger. Mixez la préparation jusqu'à ce que vous obteniez une jolie farce jaune pâle. Disposez-la dans un petit bol.

2. Posez une feuille de pastilla sur une planche à découper huilée. Tranchez une fine bande sur le côté de la feuille de pastilla. Enduisez-la d'un mélange de beurre fondu et d'huile. Posez un peu de farce en bas de la feuille. Pliez en triangle de gauche et de droite pour former un briouate. Procédez de même pour les autres briouates.

3. Faites chauffer de l'huile dans une bassine à friture. Lorsqu'elle est brûlante, plongez les briouates, et laissez-les 2-3 min jusqu'à ce qu'ils soient joliment dorés. Réchauffez le miel dans une petite casserole. Déposez les briouates dans le miel chaud. Additionnez avec 1 c. à s. d'eau de fleur d'oranger. Mélangez avec une petite cuillère.

4. Disposez les briouates miellés dans un joli plat de service. Saupoudrez-les de graines de sésame et décorez de petits bouquets de menthe. Pour finir, arrosez de miel à la fleur d'oranger.

Bon à savoir :

Dans un assortiment de gâteaux marocains, ce sont les briouates fourrés de pâte d'amande qui remportent toujours le plus grand succès. Lors des fêtes familiales ou pendant un goûter entre amis, les briouates sont présentés dans de grandes corbeilles au milieu des cornes de gazelle, des galettes ghriba aux amandes et à la semoule et des tresses de miel schbakkia.

Chabakia

4 personnes
Difficulté : Facile
Préparation : 30 min
Cuisson : 10 min
Repos : 15 min

Ingrédients

500 g de farine
1 œuf
2 c. à s. de vinaigre blanc
1 c. à c. de cannelle en poudre
150 g de graines de sésame
1 c. à s. de graines d'anis
200 g d'amandes décortiquées
2 sachets de levure chimique
50 g de beurre
10 cl d'huile d'olive
1 pincée de gomme arabique en grains
1 pincée de pistils de safran
10 cl d'eau de fleur d'oranger
1 kg de miel
Huile de friture

1. Faites griller le sésame à sec dans une poêle. Dans une terrine, mettez l'œuf, le vinaigre, les amandes mondées et hachées, la cannelle, l'anis pilé, 100 g de sésame mixé, le beurre fondu avec l'huile d'olive et l'eau de fleur d'oranger. Fouettez la préparation. Ajoutez la levure, le safran et la gomme arabique pilés puis la farine.

2. Pétrissez à la main, énergiquement jusqu'à obtention d'une pâte ferme et homogène. Divisez en grosses boulettes et laissez reposer 15 min. Sur un plan de travail fariné, étalez finement votre pâte au rouleau. Avec une roulette, découpez dans la pâte un grand rectangle, que vous divisez en six petits rectangles.

3. Sur un petit rectangle de pâte, faites 6 entailles parallèles à la roulette, sans aller jusqu'au bord. Passez les doigts dans les languettes pour les séparer de gauche et de droite, scellez la bordure avec le doigt, et faites ressortir les languettes par le milieu.

4. Préparez les autres chabakia. Plongez-les dans une friture brûlante et laissez-les dorer jusqu'à ce qu'elles soient presque brunes. Sortez-les de la friture à l'aide d'une araignée. Versez immédiatement les chabakia dans un récipient rempli de miel, et retournez-les à la spatule. Puis égouttez-les dans une passoire. Saupoudrez avec les graines de sésame restantes.

Bon à savoir :

Les chabakia ordinaires ne comportant pas d'amandes, ce sont les graines de sésame qui forment la base de la pâte. Dans cette recette, une partie des graines de sésame est moulue et incorporée dans la pâte, tandis que l'autre sert pour la décoration. Notre chef pétrit la pâte en l'écrasant au fur et à mesure entre les doigts et avec la paume de la main. Pendant le malaxage, il renforce la fermeté en ajoutant farine et amandes hachées. La présence du vinaigre aide la pâte à rester souple.

Cigares au miel, farcis aux noix et amandes

4 personnes
Difficulté : Facile
Préparation : 45 min
Cuisson : 10 min

Ingrédients

10 feuilles de brick
150 g de poudre d'amandes
100 g de noix moulues
75 g de sucre
1 pincée de cannelle
1 bouteille d'eau de fleur d'oranger
150 g de miel
Huile de friture

1. Dans un bol, versez ensemble la poudre d'amandes, les noix moulues, le sucre et la cannelle. Mélangez à la main en arrosant petit à petit d'eau de fleur d'oranger, jusqu'à l'obtention d'une pâte ferme. Rabattez le bord droit et le bord gauche d'une feuille de brick vers le centre.

2. Façonnez un boudin de pâte de 8 cm de longueur et 1 cm d'épaisseur. Placez-le horizontalement sur la feuille à quelques centimètres du bord, en conservant une bordure d'1 cm à chaque extrémité du boudin. Roulez la feuille de brick autour du boudin, de façon à former un cigare.

3. Réservez. Faites de même avec les autres feuilles de brick et le restant de pâte. Faites chauffer un fond d'huile de friture. Plongez les cigares dans l'huile chaude et faites-les dorer quelques minutes, sans cesser de les arroser à l'aide d'une cuillère afin qu'ils cuisent uniformément.

4. Versez le miel dans une casserole et faites fondre sur feu doux. Hors du feu, ajoutez 2 c. à s. d'eau de fleur d'oranger. Mélangez. Trempez les cigares dans le miel, puis égouttez-les sur une grille.

Bon à savoir :

Si vous préparez des cigares en grande quantité, alignez-les sur un large plat et couvrez-les d'un linge humide, afin qu'ils ne sèchent pas et restent souples. L'eau de fleur d'oranger doit être ajoutée dans le miel hors du feu, sinon son parfum s'évapore à la chaleur. Enrobez les cigares aussitôt après la friture. Après les avoir égouttés, évitez de les superposer car ils risqueraient de coller les uns sur les autres.

Cornes de gazelle

4 personnes
Difficulté : Facile
Préparation : 45 min
Cuisson 20 min
Repos : 10 min

Ingrédients

Pâte :
500 g de farine
250 g de beurre ou margarine
2 c. à s. de sucre glace
1 sachet de sucre vanillé
1 pincée de sel
10 cl d'eau de fleur d'oranger

Farce :
300 g d'amandes moulues
125 g de sucre glace
1 sachet de sucre vanillé
15 cl d'eau de fleur d'oranger

Sirop :
250 g de sucre cristallisé
3 cl d'eau de fleur d'oranger
25 cl d'eau

1. Pour la pâte, tamisez la farine, les sucres glace et vanillé et le sel. Mélangez. Faites une fontaine, ajoutez le beurre fondu. Malaxer. Mouillez avec l'eau de fleur d'oranger. Malaxez jusqu'à l'obtention d'une pâte ferme. Faites des boules et laissez reposer 10 min.

2. Préparez la farce en mélangeant les amandes avec les sucres glace et vanillé. Versez l'eau de fleur d'oranger. Travaillez jusqu'à l'obtention d'une pâte ferme. Réservez.

3. À l'aide d'un rouleau à pâtisserie, abaissez les boules de pâte. Découpez de grands cercles. Coupez chaque cercle en 4 parties égales. Sur le bord de la pâte, déposez un boudin de farce.

4. Roulez la pâte et pincez-la avec les doigts. Façonnez des croissants (cornes). Faites cuire au four 20 min à 220°C. Confectionnez le sirop. Plongez les pâtisseries dans le sirop refroidi. Égouttez. Dressez les cornes de gazelle.

Bon à savoir :

Dans la pâtisserie orientale et en particulier au Maghreb, les cornes de gazelle occupent une place de choix et se savourent à l'occasion des différentes fêtes religieuses ou familiales. Pour la réalisation de la pâte, notre chef vous conseille de tamiser au préalable la farine et les sucres glace et vanillé, avant de verser de beurre fondu au centre. Il est important de bien malaxer le mélange avec les phalanges, afin que la matière grasse l'imprègne. Mouillez ensuite d'eau de fleur d'oranger tout en continuant de malaxer.

Crêpes au miel de l'Atlas

6 personnes

Difficulté : Très facile

Préparation : 20 min

Cuisson : 3 à 4 min par crêpe

Repos : 20 min

Ingrédients

Crêpes :

500 g de semoule très fine
2 g de sel
2 œufs
2 sachets de levure chimique
1 cube de levure de boulanger

Sauce :

100 g de beurre
100 g de miel

1. Disposez la semoule dans une terrine. Faites une fontaine. Versez à l'intérieur le sel, la levure chimique, la levure de boulanger émiettée et les œufs. Commencez à fouetter la pâte. Ajoutez de l'eau tiède au fur et à mesure, tout en continuant à fouetter.

2. Versez la préparation dans le bol du robot-mixeur. Mixez jusqu'à obtention d'une crème jaune pâle lisse et homogène. Transférez dans un saladier. Laissez reposer 20 min sur un coin de la plaque tiède.

3. Faites chauffer à sec une petite poêle anti-adhésive. Versez une petite louche de pâte dans la poêle chaude. Faites cuire la crêpe d'un seul côté, jusqu'à ce qu'elle soit ferme et présente l'aspect d'un "nid d'abeille" de couleur jaune pâle uniforme.

4. Faites fondre le beurre dans une petite casserole. Laissez reposer quelques instants. Versez-le ensuite à travers une passoire, en laissant un maximum de dépôt au fond de la casserole. Mélangez ce beurre clarifié avec le miel. Juste avant la dégustation, trempez rapidement chaque crêpe dans le beurre au miel. Dégustez tiède.

Bon à savoir :

Le beurre clarifié nécessaire à la sauce est facile à réaliser. Lorsque l'on fait fondre le beurre, le petit-lait se dissocie sous forme d'écume blanchâtre. Laissez reposer quelques instants, et il tombe au fond. Filtrez le beurre fondu, en versant doucement pour que les résidus restent au fond de la casserole. Les Marocains apprécient le miel de l'Atlas, il a une texture épaisse, une couleur ambrée et une saveur prononcée.

Dattes fourrées

4 personnes
Difficulté : Très facile
Préparation : 30 min
Cuisson : 10 min

Ingrédients

15 dattes "deglet el nour"
100 g d'amandes en poudre
75 g de sucre semoule
1 sachet de sucre vanillé
1 c. à c. de colorant vert
1 c. à c. de colorant rose
2 cl d'eau de fleur de rose

Décoration :

Sucre semoule
Feuille de menthe
(facultatif)

1. Versez la poudre d'amandes dans une étamine. Tamisez délicatement cette dernière au-dessus d'un saladier. Préparez le sirop en faisant cuire à 115°C, pendant environ 10 min, le sucre semoule, le sucre vanillé avec 2,5 cl d'eau et l'eau de fleur de rose.

2. Versez le sirop sur la poudre d'amandes tamisée. Mélangez la préparation avec une spatule. Travaillez la pâte à la main et formez une boule. Séparez la boule en 3 parts égales afin d'obtenir des pâtes de différentes couleurs.

3. Ajoutez dans la première, le colorant vert et mélangez avec les mains. Ajoutez le colorant rose dans la deuxième et mélangez. Laissez la troisième part de pâte d'amandes naturelle. À l'aide d'un couteau, dénoyautez délicatement les dattes.

4. Avec les 3 pâtes, confectionnez 3 boudins de 1 cm de diamètre. Découpez-les en morceaux de la longueur d'une datte. Farcissez chaque datte avec les morceaux de pâtes colorées. Décorez les dattes farcies en les plongeant dans le sucre semoule, ajoutez la feuille de menthe.

Bon à savoir :

Si la Tunisie est réputée pour ses agrumes et ses olives, elle doit au micro-climat de ses oasis, d'être la plus grande productrice du monde de dattes. Pour cette préparation, nous vous conseillons vivement d'utiliser la variété deglet el nour. Cette datte, de couleur dorée ambrée, est prisée pour sa chair abondante, moelleuse et parfumée. Sa saveur unique au monde lui a valu les surnoms de "datte du soleil" ou de "doigt de lumière".

Debla

4 personnes
Difficulté : Facile
Préparation : 40 min
Cuisson : 20 min
Repos : 30 min

Ingrédients

100 g de farine
1 œuf
2 c. à c. d'amidon
Huile de friture

Sirop au miel :

50 g de miel
1/2 citron
250 g de sucre semoule
1 cl d'eau de fleur d'oranger
1 c. à c. d'amidon

Décoration :

Graines de sésame
Pistaches en poudre

1. Dans un saladier, préparez la pâte de debla en incorporant un œuf à la farine. Mélangez. Avec les mains pétrissez le mélange jusqu'à l'obtention d'une pâte homogène, proche de la pâte à pain. Si la pâte colle, rajoutez un peu de farine. Laissez reposer la pâte 30 min dans un linge sec.

2. Saupoudrez le plan de travail avec 1 c. à c. d'amidon. Pétrissez la pâte. Remodelez-la en boule, pétrissez de nouveau en la saupoudrant d'amidon. Étalez-la avec un rouleau à pâtisserie en la retournant plusieurs fois. Incorporez-la dans la machine à pâte afin qu'elle devienne très fine.

3. Découpez la pâte en longs rubans. Préparez le sirop en pressant le demi citron. Faites-le cuire avec le miel, le sucre semoule, l'eau de fleur d'oranger, l'amidon et 30 cl d'eau. Coincez les rubans de pâte entre l'index et le majeur. Enroulez-les entre vos doigts.

4. Plongez délicatement un debla dans l'huile de friture chaude. Retournez-le avec une écumoire. Épongez. Trempez chaque debla dans le sirop au miel. Faites un panachage en les décorant de graines de sésame, de poudre de pistaches et en conservant des debla nature.

Bon à savoir :

À l'origine les debla étaient simplement enrobés de miel. Mais aujourd'hui, cette recette se raffine et se parfume avec l'ajout notamment d'eau de fleur d'oranger dans le miel, ainsi qu'un panachage de graines de sésame et de poudre de pistaches. Ces pâtisseries appelées debla en langue arabe, sont également connues en Tunisie sous le nom de wednin el kadhi qui signifie "oreille du juge".

Gâteau aux dattes El Meraoui

6 à 8 personnes
Difficulté : Facile
Préparation : 40 min
Cuisson : 25 min
Congélation : 15 min

Ingrédients

Pâte :
150 g de beurre
50 g de margarine
2 sachets de sucre vanillé
250 g de farine
8 œufs
1 pincée de café soluble

Farce aux dattes :
2 kg de dattes
1 pincée de cannelle en poudre
10 g de gomme arabique en poudre
1 pincée de muscade râpée
1 verre à thé d'eau de fleur d'oranger

1. Mettez beurre et margarine dans une terrine. Malaxez bien avec vos mains. Ajoutez sucre vanillé, farine et 7 œufs. Fouettez, puis travaillez à la main pour obtenir une pâte homogène. Roulez en boule, laissez reposer 15 min au réfrigérateur.

2. Dans la marmite du couscoussier, portez de l'eau à ébullition. Dénoyautez les dattes. Versez-les dans la passoire du couscoussier. Couvrez. Faites cuire 10 min à la vapeur. Puis épluchez-les. Versez-les dans un saladier. Parsemez-les de cannelle en poudre, gomme arabique et muscade. Passez au mixeur. Ajoutez de l'eau de fleur d'oranger. Mixez de nouveau.

3. Aplatissez la pâte à gâteau avec un rouleau. Détaillez un grand rectangle de pâte. Aplatissez le surplus de pâte. Découpez un second rectangle pareil que le premier. Mettez un papier sulfurisé dans un plat à four rectangulaire. Recouvrez d'un rectangle de pâte. Étalez la farce aux dattes par-dessus. Aplatissez-la avec une spatule. Recouvrez du second rectangle.

4. Fouettez 1 œuf avec une pincée de café soluble. Étalez ce mélange au pinceau sur le gâteau. Placez-le 15 min au congélateur. Puis découpez-le en losanges. Mettez-les sur une plaque, faites cuire 15 min au four à 220°C.

Bon à savoir :

Lors de la préparation, le mélange de beurre et de margarine permet à la pâte sucrée de ne pas se déchirer. Pour les amalgamer, notre chef plonge les mains dans la terrine et presse vivement le tout entre les doigts afin d'éliminer le moindre grumeau de matière grasse. Si la pâte se révèle trop molle, ajoutez un peu de farine et continuez à travailler.

Ghrïba aux pois chiches

4 personnes
Difficulté : Très facile
Préparation : 35 min
Cuisson : 20 min
Réfrigération : 30 min

Ingrédients

250 g de farine de pois chiches
80 g de farine
100 g de sucre glace
150 g de beurre
1 c. à s. d'huile végétale

1. Dans une casserole, faites cuire le beurre à feu doux. Enlevez le petit-lait. Laissez colorer le beurre jusqu'à l'obtention d'une couleur noisette. Tamisez séparément la farine blanche, la farine de pois chiches et le sucre glace.

2. Dans un plat, incorporez les deux farines, le sucre glace et le beurre noisette. Mélangez. Travaillez le mélange à la main pour obtenir une pâte assez homogène et friable. Réchauffez cette pâte entre les paumes des mains.

3. Disposez la pâte sur le plan de travail et confectionnez des boudins. Allongez-les en rouleau de 15 millimètres de diamètre environ. Avec un couteau, détaillez en biais des morceaux de 5,5 cm de long.

4. Rangez soigneusement les ghrïba sur la plaque huilée. Laissez reposer les ghrïba au réfrigérateur 30 min. Faites-les cuire au four à 130°C, entre 15 et 20 min. Laissez refroidir avant de les dresser dans l'assiette.

Bon à savoir :

Ces délices, aux saveurs originales, offrent aux pois chiches, homs en langue arabe, la vedette. Selon notre chef, vous pouvez également confectionner la pâte des ghrïba, avec du sorgho, une céréale très appréciée des Tunisiens. Si la cuisson de la pâte demande une réelle vigilance, il est aussi impératif de surveiller la préparation du beurre noisette. En aucun cas, ce dernier ne doit brûler.

Grenade à l'eau de fleur d'oranger et naâ naâ

4 personnes
Difficulté : Facile
Très facile
Préparation : 20 min

Ingrédients

2 grenades
3 c. à s. de sucre semoule
3 c. à c. d'eau de fleur d'oranger
1/2 botte de menthe

1. Coupez les grenades en 2 puis en 4. Avec les doigts, égrenez les grenades en prenant soin de retirer les membranes blanchâtres et la fine peau.

2. Ajoutez le sucre sur les graines de grenade. Mélangez. Arrosez la préparation d'eau de fleur d'oranger.

3. Mélangez délicatement. Lavez les feuilles de menthe. Essuyez-les et ciselez-les finement. Ajoutez les feuilles de menthe ciselées sur les graines de grenade.

4. Mélangez. Dressez dans de jolis bols.

Bon à savoir :

Sachez que les grenades se conservent à température ambiante. Préférez-les assez grosses, bien lourdes et sans taches. Indissociable du thé oriental, la menthe, appelée naâ naâ en langue arabe, s'unit merveilleusement à la grenade. Cette plante aromatique possède une odeur spécifique et une fraîcheur incomparable. Choisissez de la menthe bien verte avec des tiges bien rigides.

H'rissa hloua

4 personnes
Difficulté : Très facile
Préparation : 1 h
Cuisson : 15 min
Repos : 20 min

Ingrédients

1 kg de grosse semoule
500 g d'amandes blanches
250 g de chamia
250 g de sucre semoule
200 g de beurre
50 cl de lait
500 g de dattes

Décoration :

200 g de noix
200 g d'amandes
200 g de pistaches

1. Dans une casserole en cuivre, faites dorer la semoule en mélangeant avec la spatule, environ 10 min. Dans une casserole, faites fondre 180 g de beurre. Faites bouillir le lait. Ajoutez le beurre fondu dans la casserole de la semoule, puis le lait. Remuez.

2. Dénoyautez les dattes et coupez-les en lanières. Hors du feu, ajoutez-les à la semoule ainsi que la chamia, le sucre et les amandes broyées. Laissez reposer 20 min.

3. Pétrissez avec les mains le mélange afin d'obtenir une pâte. Avec le beurre restant, beurrez la plaque et étalez la pâte à l'aide d'une spatule métallique.

4. Décorez avec les noix, les pistaches et les amandes coupées en 2 dans le sens de la longueur. À l'aide d'un couteau, découpez la pâte en forme de losanges. Dressez-les dans l'assiette.

Bon à savoir :

La seule difficulté de cette recette réside dans la préparation de la semoule. En aucun cas, elle ne doit brûler. Vous pouvez remplacer le sucre par du miel en l'incorporant à la fin de la préparation. Notre chef vous suggère de parfumer la semoule à l'eau de fleur d'oranger au moment de la pétrir. Attention l'h'rissa hloua ne se conserve pas plus de deux jours.

Haloua jabane

4 personnes
Difficulté : Difficile
Préparation : 40 min
Cuisson : 10 min
Réfrigération : 4 h

Ingrédients

2 œufs
Sel

Sirop :

2 cl d'eau de fleur d'oranger
500 g de sucre en morceaux
1 g l'alun
1 g de grains de gomme arabique

Décoration :

100 g d'amandes séchées

1. Dans une casserole, préparez le sirop en versant 1/2 l d'eau chaude. Ajoutez les morceaux de sucre, l'eau de fleur d'oranger, l'alun et les grains de gomme arabique.

2. Faites cuire le sirop à 116°C en remuant avec la spatule. Cassez les œufs. Mettez les blancs dans un récipient. Ajoutez une pincée de sel. Battez les blancs en neige.

3. Versez dans les blancs en neige le sirop légèrement refroidi. Continuez de battre. À l'aide d'une petite cuillère, incorporez délicatement le mélange dans des caissettes.

4. Posez sur chaque haloua jabane une amande séchée. Mettez les caissettes au réfrigérateur pendant 4 h. Dressez-les dans un plat.

Bon à savoir :

Pour réussir parfaitement cette recette, la cuisson du sirop s'avère primordiale. Nous vous rappelons que le sucre ne doit en aucun cas caraméliser. Il est impératif qu'il reste blanc et de consistance assez molle. Aussi pour éviter une éventuelle coagulation, notre chef ajoute de l'alun ou chebba. Vous pouvez obtenir le même résultat, en les remplaçant par un jus de citron.

Kâber ellouz

4 personnes
Difficulté : Facile
Préparation : 20 min
Cuisson : 10 min

Ingrédients

300 g d'amandes en poudre
150 g de sucre semoule
1 sachet de sucre vanillé
1/2 c. à c. de colorant rose
1/2 c. à c. de colorant vert
2 cl d'eau de fleur de rose

Décoration :
Sucre semoule
Pignons de pin (facultatif)

1. Préparez la pâte en tamisant la poudre d'amandes. Confectionnez le sirop en faisant cuire pendant 10 min, le sucre semoule, le sucre vanillé avec 10 cl d'eau. Ajoutez l'eau de fleur de rose.

2. Versez le sirop dans la poudre d'amandes. Mélangez avec une spatule. Pétrissez la pâte avec les doigts sur le plan de travail. Divisez la pâte d'amandes en 3 parts égales.

3. Versez le colorant vert dans une part et mélangez avec les mains. Colorez une part avec le colorant rose, mélangez. Laissez une part de pâte d'amandes naturelle. Roulez chaque part sur un plan de travail pour l'amincir. Confectionnez 3 boudins de 2 cm de diamètre.

4. Faites une tresse tricolore en les rassemblant. Coupez la tresse en morceaux de 20 g environ. Roulez-les entre les paumes des mains pour obtenir des boules homogènes et lisses. Décorez les kâber ellouz en les enrobant de sucre semoule.

Bon à savoir :

Kâber ellouz signifie en langue arabe, boule d'amande. Très facile à réaliser, ces petits délices se savourent surtout à l'occasion des principales fêtes, fiançailles, mariages ou circoncisions. Comme dans de nombreuses préparations, la pâte d'amandes est l'ingrédient vedette de cette recette.

M'halbi

4 personnes
Difficulté : Très facile
Préparation : 20 min
Cuisson : 25 min

Ingrédients

100 g de crème de riz
150 g de sucre semoule
1 l de lait
3 c. à s. d'eau de fleur d'oranger

Décoration :

Cannelle moulue
100 g de pistaches

1. Versez le lait dans une casserole, et ajoutez le sucre. Ajoutez la crème de riz et mélangez. Faites chauffer sur feu doux en mélangeant sans cesse avec une cuillère en bois pendant environ 30 min.

2. Retirez du feu, puis ajoutez l'eau de fleur d'oranger et mélangez avec la cuillère en bois. Versez la préparation dans des ramequins, et lissez la surface avec le dos d'une petite cuillère.

3. Pour certains ramequins, saupoudrez largement de cannelle à l'aide d'un tamis la surface de la crème. Essuyez le bord. Pour les autres, confectionnez une fine bande de papier et placez-la au centre.

4. Mixez finement les pistaches. Saupoudrez de cannelle l'un des côtés, et parsemez l'autre de poudre de pistaches. Dégustez froid.

Bon à savoir :

Pour obtenir une crème souple, stoppez la cuisson après 25 min, quand le mélange a bien épaissi. Pour une crème plus ferme, le mélange doit devenir très épais et granuleux. Veillez aussi à retirer la casserole du feu avant d'ajouter l'eau de fleur d'oranger, sans quoi la chaleur ferait s'évaporer son parfum aussitôt.

M'hancha aux amandes et miel

4 personnes
Difficulté : Facile
Préparation : 30 min
Cuisson : 35 min

Ingrédients

250 g de feuilles de pastilla
500 g d'amandes entières
1 c. à c. de cannelle en poudre
200 g de sucre
100 g de beurre
1 sachet de gomme arabique
1 c. à c. d'eau de fleur d'oranger
10 cl de miel liquide
Huile de friture

1. Décortiquez les amandes. Plongez-les dans une casserole d'eau bouillante pour les monder. Lorsque la peau commence à se soulever, sortez les amandes de l'eau à l'aide d'une écumoire. Épluchez-les une à une. Faites chauffer une bassine à friture. Plongez la moitié des amandes mondées dans l'huile bouillante et réservez les autres. Laissez-les dorer.

2. Mixez les amandes réservées avec le sucre. Débarrassez-les dans un plat. Versez dans le bol du mixeur les amandes frites et mixez-les également. Ajoutez-les sur les amandes blanches. D'autre part, faites fondre le beurre dans une petite casserole.

3. Formez un puits dans les amandes hachées. Versez du beurre fondu. Puis ajoutez dans le puits la gomme arabique, la cannelle et l'eau de fleur d'oranger. Pétrissez vigoureusement à la manière d'une pâte à tarte. Huilez une plaque à four.

4. Roulez la pâte d'amandes en boudin. Coupez une feuille de pastilla en 2. Posez le "boudin" au bas d'une des feuilles et roulez-la. Puis enroulez le tout en forme de spirale. Faites cuire au four sur la plaque huilée 20 min à 240°C. Arrosez de miel dès la sortie du four. Servez frais.

Bon à savoir :

Notre chef vous a préparé une pâtisserie des plus fondante à base de pâte d'amandes et de feuilles de pastilla, enroulée tel un serpent lové sur lui-même. Vos feuilles de pastilla devront être bien enduites de beurre ramolli avant de les rouler. Pendant la cuisson, épongez le beurre qui mousse à l'aide d'un papier absorbant. Vous pouvez, si vous le souhaitez, aussi saupoudrer vos m'hancha de sucre glace et de cannelle.

Makroud

4 personnes
Difficulté : Très facile
Préparation : 40 min
Cuisson : 10 min
Repos : 30 min

Ingrédients

Pâte de semoule :
200g de semoule fine
2 g de safran en poudre
20 g de beurre
10 cl d'huile végétale
1 pincée de sel
Huile de friture

Farce :
150 g de dattes "deglet el nour"
1 orange
2 g de cannelle en poudre

Sirop :
250 g de sucre semoule
75 g de miel
1/2 citron
5 cl d'eau de fleur de géranium

1. Faites cuire le beurre pour le clarifier. Dans un bol, mélangez-le avec l'huile végétale. Préparez la pâte en versant la semoule, le safran et le sel dans un saladier. Ajoutez le mélange de beurre clarifié et d'huile. Mélangez le tout avec une spatule et ajoutez peu à peu 10 cl d'eau tiède afin d'obtenir une pâte élastique.

2. Pétrissez la pâte. Formez une boule et fraisez-la avec la paume de la main. Laissez reposer la pâte 30 min, en la recouvrant d'un linge humide. Préparez la farce en mixant les dattes dénoyautées. Pelez à vif l'orange, faites des zestes et coupez-les en petits dés.

3. Mélangez les dattes mixées, les zestes d'orange et la cannelle jusqu'à l'obtention d'une pâte. Donnez-lui la forme de 3 boudins. Fraisez de nouveau la pâte de semoule et divisez-la en 3 parts égales. Façonnez-les en boudins de 2 cm de diamètre.

4. Avec les doigts, creusez une cavité le long du boudin. Remplissez ce creux avec la farce. Recouvrez avec la bordure de la pâte. Aplatissez le boudin, coupez-le en rectangles, puis en losanges. Pressez le citron, faites cuire le jus avec les autres ingrédients du sirop et 25 cl d'eau. Faites frire les losanges dans l'huile 4 min . Égouttez-les et plongez-les dans le sirop.

Bon à savoir :

Pour confectionner la pâte, choisissez une semoule fine. Mélangée au beurre, huile, safran et sel, elle doit ensuite être travaillée. Notre chef vous conseille, d'incorporer l'eau tiède par petites quantités. La semoule doit, sous vos doigts, se raffermir pour devenir ensuite une pâte bien élastique. Si la texture de cette dernière vous semble trop "molle", n'hésitez pas à ajouter un peu de semoule.

Millefeuille de pastilla aux fruits miellés

4 personnes
Difficulté : Facile
Préparation : 35 min
Cuisson : 25 min

Ingrédients

22 grosses fraises
2 tranches d'ananas
2 pêches
12 prunes
1 pomme golden
2 kiwis
8 feuilles de pastilla
4 feuilles de gélatine
1/4 verre d'eau de fleur d'oranger
6 c. à s. de miel
4 noix
100 g de sucre
2 œufs
50 cl de lait
2 ou 3 écorces de cannelle
8 feuilles de menthe
Huile de friture

1. Faites ramollir la gélatine à l'eau froide. Coupez les feuilles de pastilla en grands triangles. Plongez-les dans une bassine de friture brûlante, jusqu'à ce qu'ils soient dorés. Égouttez-les sur du papier absorbant.

2. Dans une casserole, versez le miel délayé dans un peu d'eau, l'eau de fleur d'oranger et la gélatine ramollie. Fouettez sur feu doux jusqu'à obtention d'un sirop gélifié homogène. Rincez les fruits. Épluchez la pomme et les kiwis. Détaillez tous les fruits en fines lamelles (réservez 10 fraises). Versez-les dans un saladier (sauf les kiwis) et arrosez de gelée. Laissez gélifier au frais.

3. Disposez un triangle de pastilla frite dans une assiette à dessert. Alternez par-dessus lamelles d'ananas, de fraises, de prunes et de pommes, séparez chaque étage par un morceau de pastilla. Terminez en déposant un dernier triangle de pastilla. Mixez 10 fraises et passez le jus pour obtenir un coulis.

4. Faites chauffer le lait avec une pincée de sucre et la cannelle. Fouettez les blancs d'œufs en neige avec le sucre. Prélevez des quenelles de meringue, et pochez-les dans le lait chaud. Décorez chaque millefeuille d'une île flottante, de fraises, menthe et noix concassées. Entourez de coulis de fraises.

Bon à savoir :

Lorsque vous faites pocher les meringues, le lait ne doit pas être trop chaud pour ne pas faire retomber les blancs. Une fois cuites, égouttez les meringues sur du papier absorbant. En montant le millefeuille, vous pouvez enduire chaque triangle de pastilla de gelée au miel à l'aide d'un pinceau, avant d'y installer les morceaux de fruits.

Parfait à la chamia et son coulis d'oranges

4 personnes
Difficulté : Facile
Préparation : 30 min
Cuisson : 10 min
Congélation : 24 h

Ingrédients

4 œufs
50 g de sucre en poudre
25 cl de crème fraîche liquide
70 g de chamia
1 citron

Coulis d'oranges :

5 oranges
1 c. à c. de fécule de maïs
3 c. à s. de sucre en poudre

Décoration :

Menthe
30 g de graines de sésame
2 oranges

1. Préparez d'abord le parfait. Dans un saladier, fouettez énergiquement la crème fraîche liquide bien froide, jusqu'à obtention d'une chantilly. Cassez 2 œufs entiers et 2 jaunes dans une terrine. Ajoutez le sucre. Posez sur un bain-marie frémissant, et fouettez jusqu'à ce que le mélange pâlisse et prenne du volume.

2. Hors du feu, émiettez la chamia dans la crème aux œufs. Ajoutez quelques râpures de citron. Mélangez doucement pour ne pas faire retomber la préparation. Laissez refroidir. Lorsque la crème à la chamia est bien froide, incorporez la chantilly, en soulevant délicatement la masse. Vous obtenez un appareil pour parfait.

3. Garnissez de petits moules individuels avec un morceau de papier-film. Avec une cuillère à soupe, remplissez chaque moule de parfait. Laissez congeler 24 h.

4. Pendant ce temps, presser le jus de 5 oranges et délayez-le dans une casserole avec la fécule. Ajoutez le sucre, mélangez. Portez doucement à ébullition jusqu'à ce que le coulis épaississe. Laissez refroidir. Démoulez les parfaits sur des assiettes. Décorez de quartiers d'oranges pelés à vif, de sésame et de menthe. Entourez de coulis d'oranges.

Bon à savoir :

Très présente dans tout le bassin méditerranéen, la chamia est une pâte industrielle à base de graines de sésame et de sucre. Comme une génoise, la crème aux œufs et au sucre doit prendre du volume sur le bain-marie, puis continuer à être fouettée hors du feu, jusqu'à ce qu'elle tiédisse. La chantilly sera ajoutée dans la préparation bien froide. Pendant la congélation, au bout de 3 h, remuez le parfait avec une fourchette.

Petits feuilletés aux noix

4 personnes
Difficulté : Très facile
Préparation : 25 min
Cuisson : 20 min

Ingrédients

250 g d'amandes mondées
250 g de cerneaux de noix
10 cl d'eau de fleur d'oranger
1 c. à c. de gomme arabique
1 pincée de muscade râpée
1 c. à s. de cannelle moulue
100 g de sucre semoule
2 c. à s. de beurre
500 g de pâte feuilletée
250 g de miel liquide
Huile de friture

1. Faites frire 200 g d'amandes 5 min à l'huile (réservez le reste pour la décoration). Égouttez-les, versez-les dans le bol du robot et mixez-les. Ajoutez les cerneaux de noix et achevez de mixer.

2. Dans un grand récipient, préparez la farce : versez le hachis de noix et d'amandes, le sucre, la cannelle, la muscade, l'eau de fleur d'oranger, la gomme arabique pilée et le beurre fondu. Pétrissez cette farce à la main. Étalez finement la pâte feuilletée sur votre plan de travail.

3. Coupez-la en rectangle et disposez-la dans un plat à four de même grandeur. Recouvrez de farce aux noix et aux amandes, étalée de manière uniforme. Recouvrez d'un autre rectangle de pâte feuilletée. Quadrillez le gâteau pour former des petits carrés.

4. Décorez chaque carré de gâteau, en plantant au centre une amande mondée réservée. Faites-les cuire 15 min au four. Dès la sortie du four, arrosez les gâteaux de miel à l'aide d'une petite louche. Déposez les petits feuilletés dans un plat et laissez refroidir.

Bon à savoir :

Si vous employez une pâte feuilletée crue ordinaire, le chef vous conseille de déposer d'abord dans le moule un morceau de papier sulfurisé, pour éviter aux feuilletés de coller. Ensuite, il faudra insister sur la cuisson du fond des gâteaux, ou même faire cuire la pâte à blanc avant de la recouvrir de farce.

Rfissa de Kairouan aux dattes

4 personnes
Difficulté : Très facile
Préparation : 15 min
Cuisson : 25 min

Ingrédients

200 g de semoule fine
20 cl d'huile d'olive
50 g de sucre glace
250 g de dattes
Sel

Garniture :

50 g de pistaches décortiquées

1. Versez la semoule dans un plat. Salez légèrement. Arrosez de 10 cl d'huile d'olive et d'un peu d'eau, et pétrissez jusqu'à obtention d'une pâte liée. Huilez une plaque à pâtisserie. Du plat de la main, étalez la pâte sur la plaque. Dès qu'elle est ferme, ramenez les bords de manière à obtenir un rectangle grossier. Faites dorer 25 min au four à 220 °C.

2. Ouvrez les dattes en deux. Enlevez les noyaux. Avec un petit couteau, détaillez-les en fines lanières. Coupez la pâte à la semoule en morceaux moyens. Dans un mortier, concassez-la en l'écrasant avec un pilon.

3. Ajoutez les morceaux de dattes dans la pâte concassée. Mélangez du bout des doigts. Prenez un peu de pâte dans la main, pétrissez et laissez filer la semoule dans le plat. Renouvelez plusieurs fois l'opération.

4. Versez dans la pâte le sucre glace puis 1 filet d'huile d'olive. Malaxez bien le tout. Remplissez de pâte le dos d'une grande louche, tassez et démoulez sur une assiette. Parsemez de pistaches concassées.

Bon à savoir :

Pour cette préparation, la semoule de blé dur doit toujours être d'une extrême finesse. Privilégiez des dattes allig bien fraîche. Moelleuses et très sucrées, ces dernières sont longues et de couleur acajou. Leur chair souple permet de bien les écraser pour les mêler à la semoule. Vous pouvez remplacer les dattes par des figues sèches trempées. Dégustez la rfissa au petit-déjeuner avec un café.

Sabayon glacé à la thibarine

4 personnes
Difficulté : Très facile
Préparation : 35 min
Cuisson : 15 min
Congélation : 3 h

Ingrédients

4 œufs
100 g de sucre semoule
50 g d'amandes mondées
10 cl de thibarine
4 c. à s. d'huile d'arachide
Sel

Décoration :

Poudre de pistaches
Pistaches
Feuilles de menthe (facultatif)

1. Faites refroidir les moules en plastique au congélateur pendant 1 h. Préparez les fruits secs en faisant griller les amandes au four, à 140°C, pendant 15 min. Concassez-les ainsi que les pistaches.

2. Cassez les œufs en séparant les blancs des jaunes. À l'aide d'un fouet, battez les blancs en neige en ajoutant une pincée de sel. Battez les jaunes en ajoutant le sucre, la thibarine et l'huile d'arachide.

3. Mélangez délicatement à l'aide d'une écumoire, les blancs en neige et les jaunes d'œufs battus. Versez en pluie dans la préparation les amandes concassées. Mélangez délicatement au fouet. Versez le sabayon dans les moules glacés. Mettez-les au congélateur, pendant 3 h minimum.

4. Démoulez. Décorez le sommet du sabayon de pistaches concassées. Ajoutez la feuille de menthe et parsemez l'assiette de pistaches en poudre.

Bon à savoir :

Pour cette préparation, notre chef a souhaité apporter sa touche personnelle en la parfumant avec de la thibarine. Typiquement tunisienne, cette liqueur de dattes aromatisée de plantes se caractérise par un goût très sucré. Certains préfèrent l'eau de fleur d'oranger et l'extrait d'amande amère. Ce sabayon glacé se compose d'amandes concassées. Vous pouvez remplacer ces dernières par des noisettes ou des pistaches.

Samsa aux fruits secs

4 personnes
Difficulté : Facile
Préparation : 30 min
Cuisson : 10 min

Ingrédients

12 feuilles de brick
1 c. à s. d'eau de fleur d'oranger
1 blanc d'œuf
100 g de sucre glace
100 g de pistaches décortiquées
300 g d'amandes
100 g de noisettes
50 g de cerneaux de noix
Beurre

1. Faites griller amandes, pistaches, cerneaux de noix et noisettes. Mixez le tout. Versez le sucre glace, puis l'eau de fleur d'oranger. Mélangez bien pour former une pâte compacte. Réservez. Découpez sur 1 cm de large les arrondis des feuilles de brick, de façon à ce qu'elles forment un rectangle.

2. Pour la confection de la samsa, coupez des bandes de 7 cm de large dans le rectangle des feuilles de brick. Placez la bande devant vous. À l'aide d'une cuillère à soupe, déposez 1 noix de pâte aux fruits secs à l'extrémité d'une bande de feuille de brick.

3. Rabattez la feuille de brick sur la pâte. Tournez à angle droit pour former un premier triangle. Procédez ainsi plusieurs fois tout au long de la bande. Laissez l'extrémité de la bande vide sur 2 cm de largeur.

4. Avec un pinceau, badigeonnez de blanc d'œuf l'extrémité de la bande. Collez-la sur le triangle. Procédez ainsi jusqu'à épuisement des feuilles de brick. Couvrez la plaque du four de papier aluminium, beurrez-le. Disposez dessus les samsa, sans qu'elles ne se touchent. Ajoutez 1 noix de beurre sur chacune. Enfournez à 180°C. Laissez dorer 10 min. Servez-les froides.

Bon à savoir :

En demi-lunes, en triangles ou en cigares, la forme et l'appellation des petits gâteaux à base de feuille de brick varient au gré de la fantaisie et de la farce sucrée ou salée dont ils sont garnis. La pâte de brick est faite de farine, de sel, d'huile et d'eau. Bien pétrie, puis soumise à la chaleur d'un ustensile conçu à cet effet, elle se transforme en fines pellicules : les feuilles de brick ou malsouka. Dans la farce des samsa, une goutte d'eau de fleur d'oranger suffit à embaumer la brick toute entière.

Sfouf

4 personnes
Difficulté : Très facile
Préparation : 30 min
Cuisson : 20 min

Ingrédients

500 g de farine
500 g d'amandes décortiquées
1,5 kg de graines de sésame
2 c. à s. de cannelle en poudre
1 pincée de noix de muscade râpée
1 pincée de gomme arabique en grains
1 pincée d'anis vert en grains
500 g de miel
10 cl d'eau de fleur d'oranger
250 g de beurre
Huile de friture

1. Versez la farine sur une plaque et faites-la brunir 10 min à la chaleur du four. Tamisez-la au-dessus d'un grand plat. Mondez les amandes, puis faites-les frire 5 min à l'huile, dans une poêle. Égouttez-les.

2. D'autre part, faites dorer le sésame à sec, 5min dans une autre poêle. Versez 500 g de sésame grillé dans le bol du robot-mixeur (réservez le reste), puis ajoutez les amandes frites. Mixez le tout.

3. Dans le plat contenant la farine brunie, ajoutez les amandes et le sésame hachés, la cannelle, la muscade râpée, la gomme arabique pilée, le beurre fondu, l'anis pilé, le miel et l'eau de fleur d'oranger. Pétrissez le mélange pour obtenir une farce homogène.

4. Déposez 500 g de sésame réservé dans le fond d'un plat à four. Recouvrez avec la farce précédente. Parsemez avec le sésame grillé restant. Aplatissez le tout avec la paume de la main. Découpez ensuite le gâteau en longueur et en largeur, pour former de petits carrés réguliers. Laissez reposer jusqu'à ce que les sfouf deviennent durs.

Bon à savoir :

Dans sa présentation plus commune, le sfouf ne comporte pas de miel et le sésame est entièrement intégré dans la pâte. Dans cette recette, le sfouf ne comporte pas de cuisson finale. C'est pourquoi il est nécessaire de faire brunir la farine au four, de frire les amandes et de faire griller le sésame. Le poêlage à sec apportera à ce dernier un regain d'arôme et un petit goût de noisette.

Tarayoune à la sauce pistache

4 personnes
Difficulté : Facile
Préparation : 40 min
Cuisson : 25 min
Réfrigération : 5 min

Ingrédients

50 cl de lait
70 g de farine
1 cl d'eau de fleur de jasmin
50 g de sucre semoule
100 g de pistaches en poudre
4 œufs
50 g de sucre glace
1 filet d'huile d'olive

Sauce pistache :

5 œufs
50 cl de lait
100 g de sucre semoule
50 g de pistaches en poudre

1. Préparez le tarayoune en incorporant dans un récipient la farine, le sucre semoule et le lait. Mélangez avec un fouet. Passez le mélange au chinois. Préparez la sauce pistache en mélangeant 5 jaunes d'œufs avec le sucre.

2. Faites-les blanchir au fouet. Ajoutez le lait chaud. Faites cuire 5 min le mélange avec les pistaches en poudre. Tamisez. Laissez reposer et réservez. Faites cuire à feu doux le tarayoune en le mélangeant continuellement.

3. Ajoutez l'eau de fleur de jasmin. Mélangez jusqu'à l'obtention d'une pâte un peu épaisse. Huilez légèrement la plaque avec l'huile d'olive. Incorporez la préparation dans des cercles à pâtisserie. Laissez refroidir. Mettez au réfrigérateur 5 min.

4. Recouvrez les cercles d'une couche de pistaches en poudre. Préparez le sabayon en fouettant 4 jaunes d'œufs et le sucre glace. Incorporez le mélange blanchi sur le tarayoune. Mettez au four, 10 min, à 100°C. Démoulez les cercles, dressez les tarayoune dans les assiettes en les décorant de poudre de pistaches.

Bon à savoir :

Ce mets délicieux est parfumé à l'eau de fleur de jasmin. Vous pouvez la remplacer par de l'eau de fleur de rose ou de géranium. Habituellement, le tarayoune se prépare sur une plaque. Il est ensuite découpé en carré. Notre chef vous propose de le présenter en part individuelle, puis de le décorer en forme de damier en saupoudrant harmonieusement de poudre de pistaches.

Zlabia

4 personnes
Difficulté : Facile
Préparation : 15 min
Cuisson : 3 min/friture
Repos : 2 h

Ingrédients

250 g de farine
1/2 c. à s. de levure de boulanger
1,5 c. à s. de yaourt
250 g de sucre semoule
2 graines de cardamome
Huile de friture

1. Dans une jatte, mélangez la farine avec la levure et le yaourt, jusqu'à obtention d'une pâte épaisse. Laissez reposer 2 h environ. Préparez le sirop : faites chauffer le sucre avec 1/4 de litre d'eau, ajoutez la cardamome sans les cosses. Faites cuire le sirop jusqu'au stade de "perle".

2. Faites chauffer l'huile de friture dans une friteuse. Remplissez une poche à douille de pâte, appuyez en dessinant des cercles et entrelacs au-dessus de l'huile bouillante, afin que la pâte en s'écoulant prenne la forme d'une zlabia.

3. Faire frire l'autre côté de la zlabia, en la retournant très délicatement afin de ne pas la briser. Faites cuire les autres zlabia. Égouttez-les.

4. Trempez-les immédiatement dans le sirop 3 min. Dressez les zlabia dans un plat.

Bon à savoir :

Appelée zlebia ou zlabia, cette pâtisserie est dégustée pendant les fêtes du Ramadan. Habituellement, les zlabia sont confectionnées avec un appareil spécial doté de trous de 7 à 8 mm, à défaut, vous utiliserez une poche à douille ou tout autre ustensile de substitution dans lequel vous ferez des trous. Mettez la pâte dans cet appareil en prenant soin de boucher les trous avec la main. Lorsque l'huile est chaude, mettez l'ustensile au-dessus de la friteuse, dégagez les trous afin que la pâte s'écoule en formant des "dessins" typiques aux zlabia.

Zriga

4 personnes
Difficulté : Très facile
Préparation : 20 min
Cuisson : 20 min

Ingrédients

Cigares zriga :
4 feuilles de brick
200 g de poudre de noisettes
200 g de poudre d'amandes
200 g de pistaches
250 g de sucre en poudre
5 c. à s. d'eau de rose
1 blanc d'œuf
Huile de friture

Crème :
4 c. à s. de fécule de maïs
1 l de lait
150 g de sucre glace
1 c. à s. d'eau de rose

1. Sur le plan de travail, versez la poudre d'amandes, la poudre de noisettes et le sucre en poudre, mélangez, puis disposez en puits. Ajoutez peu à peu l'eau de rose, tout en remuant du bout des doigts. Pétrissez bien la farce jusqu'à ce que vous obteniez une belle pâte homogène. Roulez-la du bout des doigts en cylindres longs et fins.

2. Sur le plan de travail, enduisez le pourtour des feuilles de brick de blanc d'œuf battu. Posez le boudin de farce sur le bord bas d'une feuille de brick. Repliez les bords gauche et droit de la feuille sur le "boudin", et roulez le tout. Préparez tous les gâteaux.

3. Soudez les bordures des gâteaux au blanc d'œuf. Faites-les frire 5 min à la poêle dans de l'huile chaude. Laissez-les tiédir, puis coupez-les en petits tronçons. Versez-les dans de jolis bols.

4. Pour la crème, délayez la fécule et le sucre glace dans le lait froid. Mettez-la sur feu doux et fouettez-la constamment jusqu'à ce qu'elle commence à épaissir. Ajoutez alors l'eau de rose, mélangez puis achevez de faire cuire la crème. Arroser de crème chaude, les gâteaux placés dans les bols. Laissez refroidir au réfrigérateur. Parsemez de pistaches hachées, et servez bien frais.

Bon à savoir :

Notre chef vous conseille de ne pas trop faire chauffer les cigares en pâte de brick dans la friture, afin qu'ils ne sèchent pas et ne deviennent pas trop colorés. Votre huile devra rester moyennement chaude lors de la friture. Il vous sera plus facile de découper les zriga tièdes que brûlantes. Une fois frits, les cigares peuvent se conserver une semaine au réfrigérateur.

Distribué par :
Albouraq Diffusion Distribution
Zone Industrielle
7, rue Henri François
77330 Ozoir-la-Ferrière
Tél. : 01 60 34 37 50
Fax : 01 60 34 35 63
E-mail : distribution@albouraq.com

Comptoirs de ventes :

Librairie de l'Orient
18, rue des Fossés Saint Bernard
75005 Paris
Tél. : 01 40 51 85 33
Fax : 01 40 46 06 46
Face à l'Institut du Monde Arabe
Site Web : www.orient-lib.com
E-mail : orient-lib@orient-lib.com

Librairie Albouraq
91, rue Jean-Pierre Timbaud
75011 Paris
Tel : 01 48 05 04 27
Fax : 09 70 62 89 94
E-mail : librairie11@albouraq.com
Site Web : www.albouraq.com

1434-2013
ISBN 978-2-84161-962-7 // EAN 9782841619627

Ouvrage réalisé en collaboration avec
l'Atelier Graphique Albouraq
2013

بحمد الله

Impression achevée en Mai 2013
sur les presses de Dar Albouraq
Beyrouth – Liban